Teoria e experiência

# Teoria e experiência
Marcelo Carvalho

**FILOSOFIAS: O PRAZER DO PENSAR**
Coleção dirigida por
Marilena Chaui e Juvenal Savian Filho

São Paulo 2013

*Copyright © 2013, Editora WMF Martins Fontes Ltda.,
São Paulo, para a presente edição.*

**1ª edição** 2013

**Edição de texto**
Juvenal Savian Filho
**Acompanhamento editorial**
Helena Guimarães Bittencourt
**Revisões gráficas**
Letícia Braun
Solange Martins
**Edição de arte**
Katia Harumi Terasaka
**Produção gráfica**
Geraldo Alves
**Paginação**
Moacir Katsumi Matsusaki

**Dados Internacionais de Catalogação na Publicação (CIP)
(Câmara Brasileira do Livro, SP, Brasil)**

Carvalho, Marcelo
  Teoria e experiência / Marcelo Carvalho. – São Paulo : Editora
WMF Martins Fontes, 2013. – (Filosofias : o prazer do pensar /
dirigida por Marilena Chaui e Juvenal Savian Filho)

ISBN 978-85-7827-725-3

1. Ciência – Filosofia 2. Conhecimento – Teoria 3. Filosofia
4. Teoria e experiência I. Chaui, Marilena. II. Savian Filho,
Juvenal. III. Título. IV. Série.

13-07701                                                          CDD-120

**Índices para catálogo sistemático:**
1. Conhecimento, teoria e experiência : Filosofia    120

*Todos os direitos desta edição reservados à*
***Editora WMF Martins Fontes Ltda.***
*Rua Prof. Laerte Ramos de Carvalho, 133  01325.030  São Paulo  SP  Brasil
Tel. (11) 3293.8150  Fax (11) 3101.1042
e-mail: info@wmfmartinsfontes.com.br  http://www.wmfmartinsfontes.com.br*

# SUMÁRIO

*Apresentação* • 7
*Introdução* • 9

**1** A herança aristotélica • 13
**2** A ciência moderna • 19
**3** De volta a Kant • 25
**4** Crítica da crítica • 38
**5** Conclusão • 55

*Ouvindo os textos* • 57
*Exercitando a reflexão* • 69
*Dicas de viagem* • 72
*Leituras recomendadas* • 75

# APRESENTAÇÃO
*Marilena Chaui e Juvenal Savian Filho*

O exercício do pensamento é algo muito prazeroso, e é com essa convicção que convidamos você a viajar conosco pelas reflexões de cada um dos volumes da coleção *Filosofias: o prazer do pensar*.

Atualmente, fala-se sempre que os exercícios físicos dão muito prazer. Quando o corpo está bem treinado, ele não apenas se sente bem com os exercícios, mas tem necessidade de continuar a repeti-los sempre. Nossa experiência é a mesma com o pensamento: uma vez habituados a refletir, nossa mente tem prazer em exercitar-se e quer expandir-se sempre mais. E com a vantagem de que o pensamento não é apenas uma atividade mental, mas envolve também o corpo. É o ser humano inteiro que reflete e tem o prazer do pensamento!

Essa é a experiência que desejamos partilhar com nossos leitores. Cada um dos volumes desta coleção foi concebido para auxiliá-lo a exercitar o seu pensar. Os temas foram cuidadosamente selecionados para abordar os tópicos mais importantes da reflexão filosófica atual, sempre conectados com a história do pensamento.

Assim, a coleção destina-se tanto àqueles que desejam iniciar-se nos caminhos das diferentes filosofias como àqueles que já estão habituados a eles e querem continuar o exercício da reflexão. E falamos de "filosofias", no plural, pois não há apenas uma forma de pensamento. Pelo contrário, há um caleidoscópio de cores filosóficas muito diferentes e intensas.

Ao mesmo tempo, esses volumes são também um material rico para o uso de professores e estudantes de Filosofia, pois estão inteiramente de acordo com as orientações curriculares do Ministério da Educação para o Ensino Médio e com as expectativas dos cursos básicos de Filosofia para as faculdades brasileiras. Os autores são especialistas reconhecidos em suas áreas, criativos e perspicazes, inteiramente preparados para os objetivos dessa viagem pelo país multifacetado das filosofias.

Seja bem-vindo e boa viagem!

# INTRODUÇÃO
## O dado e o construído

"Você vê! O que é que você vê? Você não vê nada! Você arregala os olhos, e arregalar os olhos não é ver."

Assim Galileu, personagem de Bertolt Brecht (1898--1956) na peça *Galileu Galilei*, repreende seu ajudante, Andrea, quando este afirma ser óbvio que o Sol gira ao redor da Terra e que ele "vê" o Sol se mover. Galileu explica o sistema copernicano ao rapaz e mostra como essa teoria possibilita compreender como ilusão aquilo que se apresenta a ele como experiência.

Brecht situa Galileu Galilei (1564-1642) na origem da inversão da relação entre teoria e experiência que marcaria a ciência moderna, segundo a descrição que Immanuel Kant (1724-1804) apresenta na *Crítica da razão pura*: há algo anterior, "teórico" (nesse caso, o sistema copernicano), que determina o que se vê, o que se apresenta para nós como experiência. Kant também identifica em Galileu (e na ciência moderna) esse procedimento que ele coloca na base de sua filosofia crítica e que compara justamente à "revolução copernicana", na medida em que altera a perspectiva a partir da qual concebemos nossa experiência.

A filosofia kantiana se apresenta como o abandono radical da concepção de que a experiência é caracterizada pela passividade do sujeito e de que este constituiria o conhecimento unicamente a partir daquilo que se apresenta a ele como objeto. Essa concepção, que chamaremos aqui de "concepção tradicional" da relação entre teoria e experiência, segundo a qual algo como uma experiência "pura" está na base da construção da teoria, é substituída pela suposição de um sujeito ativo do conhecimento, que, em certo sentido, constrói, ele próprio, a partir de um domínio "teórico", o que se apresenta a ele como experiência, como objeto.

Para que possamos compreender essa "inversão" kantiana e a centralidade que ela ocupa na reflexão contemporânea sobre conhecimento, teoria e experiência, iniciaremos delineando o pano de fundo sobre o qual esse debate se coloca em seus dois momentos mais importantes: a filosofia grega clássica, em particular com Aristóteles (384-322 a.C.), e a constituição da ciência moderna. Após essa caracterização inicial consideraremos brevemente a apreensão da inversão kantiana e sua assimilação em campos distintos, como o debate sobre ideologia, a guinada linguística da filosofia contemporânea, a filosofia da ciência, todos marcados por essa diluição da fronteira entre o dado e o construído.

# 1. A herança aristotélica

A investigação daquilo que chamamos de teoria na filosofia antiga é bastante diferente do conjunto de problemas e conceitos que passam a dominar o debate filosófico a partir do momento em que, por volta do século XVI, se consolida o projeto de uma ciência empírica, de um saber apresentado em linguagem matemática, testável e "controlado" pela experiência.

Na verdade, o próprio uso do termo "teoria" é bastante restrito no contexto grego antigo. Em sua origem, essa palavra nomeava quem era enviado para assistir a uma festa religiosa ou para consultar um oráculo. De maneira derivada, passa a significar também as embaixadas enviadas a outros países. Dessa referência a um tipo específico de observador, ou de ouvinte, derivaria o uso que encontramos em Platão (428/7-348/7 a.C.), que a utiliza vinculada ao vocabulário do teatro, com o sentido de "espectador", "aquele que olha", e de "contemplação". Na *República*, Platão fala de teoria quando caracteriza a vida dos que saíram da caverna, explicitando um sentido ético que passa a ser associado ao termo.

Aristóteles dará ao conceito uma posição central ao contrapor, na *Ética nicomaqueia*, a vida contemplativa ("teorética") e a vida prática. Nesse contexto o que é chamado de "teórico", para nosso estranhamento, é certo tipo de vida, o *theoretikós bíos* (vida teorética), que Aristóteles opõe ao *politikós bíos* (vida política) e ao *praktikós bíos* (vida prática). É com a consolidação desse uso, em sua referência à vida contemplativa, que o termo "teoria" passará, no vocabulário comum, a fazer parte do debate sobre a ética, gerando forte oposição à prática ou à ação. Esse uso moral do termo mantém-se presente na oposição entre teoria e ação, ou entre teoria e prática, que encontramos ainda em nosso modo de falar (e que é relacionado, mas distinto, da oposição entre teoria e experiência).

O debate sobre "conhecimento teórico" é apresentado, então, em um contexto de relações bastante diferente daquele que esperaríamos. No início do livro I da obra *Metafísica*, Aristóteles descreve uma hierarquia de conhecimentos segundo a qual o homem de experiência é mais sábio do que aquele que possui apenas percepções sensíveis. Já o homem que domina uma "arte" (*techné*) é mais sábio do que o homem de experiência, pois conhece as causas de sua arte, enquanto o que só tem experiência não as conhece. Acima dessas ciências práticas, Aristóteles situa as ciências "teóricas" e o homem que conhece algo de maneira "teórica". Note-se, entretanto, que o termo caracteriza aqui justamente o caráter contemplativo de certo tipo de conhecimento, valorizado por Aristóteles, em oposição àquele que tem natureza prática e produtiva, e não o que chamaríamos de estrutura "teórica", por oposição à experiência e à mera percepção. Não se trata de relacioná-los do ponto de vista de sua construção, mas de contrapô-los de uma perspectiva em grande medida "moral", por sua natureza e finalidade.

Vê-se, assim, que, quando Aristóteles fala de "teoria", ele não está tratando de algo equivalente ao uso moderno do termo. A concepção de teoria como estrutura conceitual, eventualmente hipotética, de caráter universal e geral, por meio da qual se explicam os eventos particulares, só se apresentará no contexto da formação da ciência moderna. Encontramos em Aristóteles, entretanto, um outro debate, ligado a esse, e que terá enorme influência na construção da concepção tradicional da relação entre teoria e experiência: trata-se da descrição da relação entre a percepção particular e o conhecimento universal que se constituiria a partir dela. O problema é tratado no mesmo livro I da *Metafísica* e em outra obra, intitulada *Segundos analíticos*.

Segundo a Metafísica, a constituição do conhecimento de princípios se estabelece da seguinte maneira: a "arte" (*techné*) se constitui quando, a partir de um conjunto de experiências, produz-se um único juízo universal (como quando se conclui que um remédio alivia todas as pessoas que sofrem de certa doença). A caracterização desse trânsito do caso singular para uma noção geral, do que se chama aqui de experiência (*empeiría* em grego) para uma "arte" (*techné*), do dado para o julgamento, é que costumamos identificar como o problema filosófico da relação entre teoria e experiência (apesar de o termo teoria não ser utilizado por Aristóteles nesse sentido). A partir dela se estabelece, na *Metafísica*, uma distinção entre dois diferentes graus de conhecimento: a experiência, como um conhecimento dos indivíduos, e a "arte" (*techné*), como conhecimento de universais.

Em poucas palavras, podemos dizer que nessa caracterização se explicita a ideia de que a constituição do conhecimento de caráter universal (da teoria, no sentido moderno do termo) se faz, de alguma maneira a ser explicada, a partir da experiência, e que, de maneira mais importante para nosso percurso, experiência é uma apreensão singular dos objetos ou eventos, uma observação "passiva", que relacionamos a outras experiências e sobre a qual aplicamos a atividade de nosso julgamento.

A elaboração de uma concepção a respeito desse problema, da relação entre o juízo geral e os casos particulares, o que concebemos hoje como a relação entre teoria e experiência, é tratada por Aristóteles, também sem que se use o termo "teoria", no fim dos *Segundos analíticos* (II, 19), aparecendo também nos *Primeiros analíticos* (II, 23). Trata-se ali de compreender como se daria o conhecimento dos princípios a partir dos quais se estrutura o conhecimento dedutivo. Esse conhecimento se estabeleceria por indução (*epagogê*), por meio da qual se passaria de certo número de percepções sensíveis particulares a um conceito universal, como se passa da percepção de Cálias e de Sócrates ao conceito de "homem", tendo como suporte a memória e a capacidade de sistematizar as informações retidas nessa memória.

O núcleo do problema se situaria, portanto, na explicitação dessa relação indutiva entre percepção e conceito, entre o particular e o universal, em uma relação que tem em um extremo a percepção sensível, que em nada difere da percepção de outros animais, e no outro a universalidade do conceito. Esse problema ocupa um lugar central na filosofia antiga e medieval, mas é com a constituição de uma ciência empírica, a partir do século XVI, a ciência moderna, que ele se torna urgente e determinante do debate filosófico. Nesse novo tipo de ciência se redefinem a identidade e a relevância da "experiência".

## 2. A ciência moderna

Só com a ciência moderna o problema da relação entre teoria e experiência ganha os contornos com os quais o conhecemos hoje. Mais do que um momento de grande avanço no conhecimento da Natureza, a constituição da ciência moderna marca uma ruptura com concepções anteriores de explicação e conhecimento. Rompe também com a hierarquização, típica de Aristóteles, que sobrepõe a teoria às artes práticas e à experiência. Ao contrário disso, uma das principais marcas desse novo modelo de ciência, cujas origens se estendem para o interior da Idade Média, é o novo papel desempenhado pela experiência e pela observação.

No núcleo dessa ciência se encontra o projeto de descrever o mundo, de identificar suas regularidades e relações, oferecendo para elas uma descrição matemática, ou seja, de descrever o mundo por meio da explicitação de regularidades.

Consideremos um exemplo central nesse debate. A investigação do movimento, que se consolida a partir de Galileu e que substituirá a física aristotélica, não apresenta propriamente uma "explicação" para o movimento, mas uma descrição por meio da decomposição das forças, por exemplo, a gravidade e o atrito, no caso do lançamento de um projétil. Com base nesse modelo, descreve-se o movimento a cada momento como o resultado da composição dessas diversas forças em ação sobre o objeto, o que permite que se preveja o movimento futuro, sua duração, sua velocidade a cada momento etc. Mas não se encontra nessa descrição algo a que se possa chamar, em um sentido mais corriqueiro, de "explicação". A própria referência à gravidade não é uma explicação da queda dos corpos, mas uma descrição desse comportamento: ele "cai" com uma aceleração determinada. Mais do que uma descrição, essa é uma descrição matemática, em que, como diz Alexandre Koyré (1892-1964), se parte da suposição de um movimento impossível de encontrar na Natureza, o movimento inercial (impossível porque, para que houvesse movimento inercial, não poderia haver gravidade, já que esta interferiria no movimento, e, por conseguinte, não poderia haver nenhum outro objeto no universo; mas com um único objeto no universo não se poderia sequer falar em movimento, pois este é concebido como uma relação). Esse projeto de descrição, que se revela muito afastado de nossas concepções cotidianas sobre explicação e descrição, só pode ser compreendido quando se explicita que o objetivo visado por essa estratégia é oferecer uma descrição matemática do movimento. A contrapartida dessa descrição é a possibilidade de previsão e controle dos eventos físicos, explicitando a íntima relação dessa ciência com a técnica e com o controle da Natureza.

Na medida em que essa ciência se propõe a descrever o mundo de nossa experiência, o teste das tentativas de descrição de suas regularidades passa a ser central. Só ele garante que as regularidades apresentadas não são apenas a descrição de relações possíveis, em um mundo possível, mas são a descrição adequada do mundo de nossa experiência. Se, de um lado, a teoria passa a ser concebida como a descrição do mundo por meio de leis e regularidades, de outro, a experiência passa a se apresentar simultaneamente como origem dessas teorias e instância de testes de sua veracidade.

A explicitação dessa nova atitude se apresenta de maneira exemplar na forma como Galileu se relaciona com os elementos centrais da física aristotélica. À suposição de que o mundo supralunar se comporia de formas perfeitas é contraposta a observação das crateras da Lua (por meio de lunetas). À afirmação de que os corpos mais pesados caem com maior velocidade é contraposto um experimento famoso, o das bolas de ferro com diferentes massas lançadas da Torre de Pisa. A esse experimento é acrescentada a investigação dos planos inclinados e a identificação, por meio de experimentos repetidos e controlados, de uma regularidade na aceleração da gravidade, além da possibilidade da descrição da distância percorrida em função do quadrado do tempo em que esse percurso se realiza. O recurso à experiência é tanto o meio de teste das afirmações feitas sobre a Natureza, e, assim, de refutação da concepção aristotélica, quanto a base sobre a qual se constroem as hipóteses de descrição dessa experiência, das regularidades que caracterizariam as "leis naturais". Mas não se trata de uma experiência ao acaso, e sim de uma atividade planejada e controlada, como salientará Kant, em que a Natureza é chamada a responder às perguntas que nos interessam.

Encontramos, então, a partir do século XVI, não apenas a consolidação da concepção da experiência como origem das generalizações que caracterizam o conhecimento teórico, por meio de uma "lógica indutiva", mas também como instância de teste da generalidade apresentada pela teoria e, mais do que isso, a própria caracterização da ciência como ciência "da" experiência. É nesse novo contexto que a dicotomia tradicional entre teoria e experiência se estabelece, contrapondo a base de testes, observações e descrições particulares do que se observa ou se mede nos eventos em questão às hipóteses gerais, leis e explicações que generalizam essas experiências, a partir das quais se pode deduzi-las, e que seriam constituídas indutivamente, ou pelo menos testadas, a partir daquelas observações particulares.

A oposição teoria-experiência passa a estruturar o debate sobre a relação entre particular e universal e, por isso, se situa no núcleo da contraposição entre concepções empiristas e racionalistas modernas. O problema está justamente na complexidade dessa relação, em que, de um lado, parece ser a experiência que fornece os elementos para a construção da ciência, os dados a serem agregados e explicados, mas, de outro, a universalidade das afirmações da ciência, das "leis científicas" (da terceira lei de Newton, por exemplo, para falar de um caso paradigmático), não pode ser estabelecida a partir dessa experiência e a ultrapassa de maneira evidente. É no contexto desse debate que se apresentará a "inversão copernicana" proposta por Kant e, com ela, uma nova perspectiva que marca boa parte da Filosofia dos últimos dois séculos.

## 3. De volta a Kant

Na introdução à *Crítica da razão pura*, Kant utiliza o voo de uma pomba como metáfora da condição em que nos encontramos ao pretender conhecer o mundo. Segundo ele, a pomba, ao voar e ao sentir a resistência do ar a detê-la, poderia supor que, se não houvesse essa resistência, se estivesse no espaço vazio, seu voo seria mais fácil do que nas condições em que se encontra. Mal sabe a pomba que, se não houvesse a resistência do ar, ela nem sequer poderia voar! Sem essa resistência, não teria uma base sobre a qual pudesse se apoiar.

A anedota compara a resistência do ar sentida pela pomba com a "resistência" apresentada por nossa estrutura de apreensão do mundo, central na concepção kantiana de conhecimento, que poderia ser acusada de nos impedir de conhecer o mundo de maneira direta, objeção a que se responderia: mal sabem os que criticam essa condição que, se não houvesse essa estrutura de apreensão, nem sequer seríamos capazes de conhecer algo!

A referência que se faz aqui a uma "estrutura de apreensão" diz respeito à "inversão" do problema do conhecimento apresentada por Kant na *Primeira crítica* ou *Crítica da razão pura*: naquilo que se apresenta como nossa "experiência" haveria algo que é posto ali por nós mesmos, justamente essa "nossa" estrutura da apreensão do mundo, que compreenderia para Kant o espaço, o tempo e, para além disso, as categorias do entendimento (causalidade, unidade, possibilidade, entre outras), postas na reflexão sobre o mundo.

A "inversão" consiste na recusa da concepção tradicional, segundo a qual a experiência se estabelece, ou se regula, inteiramente a partir do que se dá para nós como objeto, seja ele exterior, seja interior (a percepção que o sujeito tem de si próprio). Kant recusa que esses objetos se apresentam para nós e que, a partir de sua apreensão passiva, estabeleceríamos todo nosso conhecimento do mundo. A filosofia transcendental de Kant recusa justamente essa "passividade" do sujeito da experiência. Pelo contrário, sua metafísica da experiência pretende mostrar que o sujeito é ativo no processo de constituição disso que nos será dado como experiência e "objetividade". A inversão kantiana, sua "revolução copernicana", diz respeito, então, à relação entre o dado e o construído, entre o objetivo e o subjetivo, entre o real e nossa interpretação, entre o ser em-si e o fenômeno, o ser para nós. Poderíamos dizer: entre o que é o "texto" que se apresenta para nós e o que é nossa interpretação, a partir de determinadas "chaves de leitura".

Sobre essa mesma passagem da *Crítica da razão pura*, e comentando de maneira ampla o desdobramento da filosofia kantiana que nos interessará aqui, Rubens Rodrigues Torres Filho pondera: "Dessa trama complicada, quem ousaria discernir o 'vivido' do 'aprendido', para usar os termos da Psicologia, ou o 'real' do 'imaginário', para falar ao modo da crítica acadêmica, ou o 'ser' da 'representação', para usar agora os termos da metafísica, todos eles, é claro, entre aspas, pois são também códigos de leitura, são novas redes para caçar o real, mas o 'real', aqui, já cai na rede das aspas e perde sua 'realidade', e assim por diante?" (TORRES FI-

LHO, R. R. *Ensaios de filosofia ilustrada*. São Paulo: Brasiliense, 1987, p. 26).

Por meio desse trânsito pelo vocabulário da Filosofia, da crítica literária, da metafísica, o autor pretende explicitar por que interessaria à Filosofia o que chama de "problema da leitura". Essa dificuldade de distinguir entre o texto e sua interpretação, entre o que nos é dado e o que é posto por nossos códigos de leitura, entre o domínio da experiência e o da teoria, é dada a partir da inversão copernicana apontada por Kant, de sua recusa de uma "passividade" do "sujeito do conhecimento". A amplitude da metáfora da "leitura", e, com ela, da inversão kantiana, se explicita de imediato, ainda nos termos de Rubens Rodrigues Torres Filho: "Temos diante de nós um texto para ler, um texto que se propõe à leitura. Esse texto se chama 'mundo ocidental', 'capitalismo', 'sociedade burguesa', ou simplesmente 'mundo', aquilo que está aí (...). Esse texto é cifrado. Esse texto está entrelaçado de interpretações ('leituras'), que se integram ao texto, atuam sobre o texto, recebem a ação do texto, são formadas e deformadas pelo texto, são também texto e contexto" (TORRES FILHO, R. R., op. cit., p. 27).

A metáfora da leitura construída aqui explicita, de um lado, a posição central que a inversão kantiana passa a ocupar na Filosofia e na cultura contemporâneas e, de outro, a difusão dessa inversão pelos mais variados domínios, e sua reconstrução sob as mais diversas formas, como ideologia, como gramática, como teoria científica.

## 3.1. Teoria, prática e experiência

Há dois textos de Kant que situam de forma precisa o novo contexto em que o problema de conceber a relação entre teoria e experiência, e entre teoria e prática, se coloca a partir do século XVI, com a constituição da ciência moderna e com o debate filosófico que a acompanha. No primeiro deles, um opúsculo de 1783, Kant se propõe a comentar a expressão "isto pode ser verdadeiro na teoria, mas não se aplica à prática". Aqui reencontramos os ecos da antiga contraposição moral entre teoria, concebida como "contemplação", e prática, que havíamos identificado em Aristóteles mas que se encontra situada agora em um novo contexto. Logo de início o texto nos apresenta uma concepção sobre o que seria uma teoria: um conjunto de regras de natureza muito geral e que abstrai de várias condições e características dos eventos, mesmo daquelas que seriam necessárias à sua aplicação prática. O problema apresentado por Kant diz respeito à relação entre teoria e prática, concebendo-se esta em particular da perspectiva da ação moral (e a questão seria, então, a relação entre princípios gerais e ação singular): a teoria, justamente por seu caráter abstrato e geral, se distanciaria das condições de sua aplicação prática.

Mas a descrição dada por Kant para o surgimento dos preconceitos a respeito da inefetividade prática das teorias é mais geral e diz respeito também à relação entre teoria e experiência, reverberando o projeto descritivo da ciência moderna. Segundo ele, uma teoria pode ser incompleta, e será aperfeiçoada apenas por experimentos e experiências futuras, a partir dos quais se abstrairão novas regras que venham a completá-la. E, então, nesses casos, a falta de utilidade prática não é culpa de sua natureza teórica, mas resulta de não se ter teoria suficiente; seria necessário ter mais teoria.

Em um sentido mais geral, Kant concebe que a teoria se constituiria ou se confrontaria com a experiência a partir da qual se abstraem as regras gerais que a compõem, em um processo contínuo de aperfeiçoamento por meio do qual se amplia sua relevância para a prática. Dessa forma, Kant relaciona o antigo debate sobre prática à moderna concepção de teoria.

## 3.2. Kant e sua revolução copernicana

Mas é na *Crítica da razão pura* (cuja primeira edição é de 1781, e a segunda, de 1787) que Kant dá um passo que será fundamental para a configuração contemporânea desse debate. No prefácio à segunda edição da *Crítica* ele prepara a apresentação de sua proposta de "revolução copernicana" na investigação da metafísica com um comentário sobre a relação entre teoria e experiência no núcleo da ciência moderna.

Os dois casos considerados exemplares são os experimentos de Galileu com o plano inclinado e os de Evangelista Torricceli (1608-1647) com a coluna de água. Os exemplos deixam clara a centralidade que esse debate passa a ocupar a partir da consolidação do projeto de construção de uma ciência empírica. O problema que se coloca é compreender como se pode edificar essa ciência, que apresenta uma pretensão de universalidade e que se estrutura (segundo o modelo axiomático da Geometria) com base em princípios gerais como uma ciência empírica que trata do mundo da experiência e que, portanto, se ergueria a partir da observação (de um conjunto limitado) de eventos singulares.

Segundo a descrição de Kant, a ciência moderna marcaria, em seus procedimentos, o momento de abandono da passividade em relação à experiência. Os experimentos de Galileu e Torricelli foram planejados para que a Natureza respondesse precisamente às questões que eles apresentavam. O foco dessas descrições é a afirmação de que encontramos no procedimento da ciência moderna o aprendizado de que a razão conhece exatamente aquilo que ela mesma produz segundo os seus próprios desígnios, de que ela não deve se contentar em ser guiada pela Natureza, mas deve, ela própria, antecipar os princípios de julgamento adequados às suas próprias leis e compelir a Natureza a responder às suas questões. Observações acidentais, por outro lado, realizadas sem um plano preconcebido, não podem ser agregadas em uma lei necessária, e, assim, a possibilidade de uma ciência da Natureza assenta-se nessa antecipação da razão.

Essa passagem para uma perspectiva ativa do sujeito do conhecimento é descrita como o abandono da condição de pupilo, que simplesmente ouviria o que seu mestre (a Natureza) escolhe dizer-lhe, e passa à condição de juiz, que a compele a responder a seus questionamentos. O comentário de Kant sobre os procedimentos da ciência moderna prepara a apresentação de uma inversão equivalente no campo da investigação metafísica, a qual, comparada por ele com a inversão de perspectiva proposta pelo modelo heliocêntrico de Nicolau Copérnico (1473-1543), é descrita como a base sobre a qual se estabelece seu projeto crítico.

A filosofia crítica de Kant pretende, segundo seu vocabulário, explicar a possibilidade dos juízos sintéticos *a priori*. Juízos sintéticos, por oposição aos analíticos, que seriam verdadeiros unicamente em função do sentido dos termos envolvidos e, portanto, independentes da experiência, são juízos em que a verdade ou falsidade depende de algo "exterior a ele". Sendo assim, juízos sintéticos *a posteriori*, estabelecidos a partir da experiência, como a afirmação de que "este texto está escrito em português", são corriqueiros e não apresentariam maiores dificuldades. Sua verdade ou falsidade pode ser plenamente estabelecida pela experiência. Juízos sintéticos *a priori*, por sua vez, envolvem uma dificuldade evidente: como se poderia estabelecer *a priori*, sem recurso à experiência, a verdade ou falsidade de um juízo sintético? A explicitação do problema aqui colocado facilita a compreensão do projeto kantiano: segundo Kant, na Matemática e na Física nós fazemos afirmações, emitimos juízos que são universais, portanto, como teria sido mostrado por David Hume (1711--1776), não poderiam ter como base a experiência. Em outros termos, a validade universal pretendida pela Matemática e pela Física (trata-se aqui da física newtoniana no final do século XVIII) não poderia ser estabelecida *a posteriori*, com base na experiência (pois, por mais ampla que seja essa experiência, ela não sustentaria a universalidade da teoria).

Kant pretende "escapar" da resposta de Hume, que, segundo ele, teria estabelecido como base da atribuição de causa e efeito um princípio psicológico, o hábito, o que ameaçaria toda a ciência, já que aquilo que se mostra necessário por um princípio psicológico não tem de ser necessário no domínio das próprias coisas, no mundo. A engenhosa resposta kantiana, que marca a Filosofia posterior, consiste em afirmar que só poderíamos emitir juízos sintéticos *a priori* sobre algo da experiência que nós próprios colocamos nela: sobre a nossa forma de apreensão dessa experiência, não sobre seu "conteúdo". Assim, passa a ser suposta uma distinção entre a coisa-em-si, independente de nós, e a forma pela qual ela se apresenta para nós, o fenômeno, e é essa estrutura de apreensão do mundo, do fenômeno, estruturado a partir de uma subjetividade transcendental, que Kant pretende investigar, e que seria aquilo de que tratam os juízos sintéticos *a priori*.

Essa apreensão do mundo se daria a partir de uma estética transcendental, do espaço e do tempo, os quais, portanto, não seriam dados a nós pela experiência, mas seriam a forma de estruturação dessa experiência. A universalidade das teorias físicas e da Matemática se sustentaria, então, em sua relação com a forma como essa experiência é estruturada pelo sujeito (transcendental, não empírico, pois é "anterior" à experiência), e não com o conteúdo (*a posteriori*) dessa experiência. A partir dessa estética transcendental Kant propõe, ainda, a dedução transcendental das categorias do entendimento, de tal forma que também essas categorias se estabeleceriam de maneira universal e *a priori*, como estruturação de nosso entendimento do mundo.

A grande guinada kantiana está na radicalização da ideia de que aquilo que se apresenta para nós como "experiência" envolve uma construção. Essa concepção já se insinuava desde o início da Filosofia e da ciência modernas, com a distinção entre qualidades primárias e secundárias, ou entre qualidades subjetivas e o domínio da objetividade (da quantidade, do movimento, da forma). Mas, se antes se tratava de tentar distinguir entre subjetividade e objetividade, aparência e essência, agora o que se apresenta é um mundo inteiramente "construído", ainda que em um registro "transcendental", independente do sujeito empírico, de tal forma que a própria afirmação de que há uma "coisa em si" para além do fenômeno não será senão aporética.

Curiosamente, a apresentação do que se chama de "idealismo transcendental", a caracterização transcendental da experiência como "construção" de um sujeito transcendental, é a base para a afirmação kantiana de um realismo empírico, segundo o que, do ponto de vista do sujeito empírico, a experiência se apresenta como objetividade, não como construção subjetiva.

## 4. Crítica da crítica

Ainda que a filosofia kantiana tenha recebido oposição e críticas as mais diversas, ela marcou profundamente a Filosofia dos últimos dois séculos. Mas, se compreendermos que Kant ainda se situava em parte no contexto da filosofia moderna, de investigação do sujeito e de suas faculdades de conhecimento (o que soa como um psicologismo difícil de ser aceito para um contemporâneo), e que esse tipo de procedimento será abandonado a partir do século XIX, perceber-se-á que a influência kantiana se situa menos na apresentação do espaço e do tempo como estética transcendental, ou na dedução das categorias, do que na afirmação mais geral da experiência como construção (estética e conceitual) transcendental, de tal maneira que a suposição de um acesso imediato à objetividade, a um incondicionado, à coisa-em-si, algo como uma leitura que não fosse também interpretação, será ou relegada à inocência filosófica ou apresentada como o resultado de um árduo exercício filosófico.

O impacto dessa concepção é comentado já na segunda metade do século XIX por Friedrich Nietzsche (1844-1900), em sua terceira *Consideração extemporânea*, como uma "devastação e desespero de toda verdade" que seriam vivenciados como efeito da filosofia kantiana. Esse desespero seria evidenciado, entre outros, por Heinrich von Kleist (1777-1811), poeta contemporâneo do fim da vida de Kant, em uma carta de 1801, na qual compara o intelecto a óculos coloridos que nunca tiramos, de modo que, então, nunca poderíamos diferenciar o que vemos e o que estaria sendo acrescentado por essa forma de ver. De maneira análoga, nunca poderíamos estar certos de que "é realmente verdade o que chamamos de verdade, ou se apenas parece sê-lo para nós", e, então, todo nosso esforço em busca da verdade se revela em vão. É a distinção entre coisa-em-si e fenômeno e o idealismo transcendental que marcariam boa parte da recepção de Kant e que se fariam presentes mesmo em concepções que se afastam dos pressupostos de sua filosofia crítica. Juntamente com a concepção de "fenômeno", a filosofia contemporânea assimila o arcabouço básico da concepção kantiana de experiência.

Um dos elementos marcantes da filosofia pós-kantiana é, justamente, a suposição de algum tipo de mediação na nossa relação com a experiência – não mais uma mediação fixada pela estética transcendental, mas, em geral, uma mediação historicizada, ainda que, como mediação, ganhe ares de transcendentalidade. Aquilo que se chamará a partir de então de "experiência" (ou de descrição da experiência) passará a ser problematizado como "impregnado de teoria", ou como "ideologia", ou marcado por pressupostos linguísticos, ou pela estruturação de uma *epistéme*. E, assim, descobrimos na problematização contemporânea da relação entre teoria e experiência (problema que ocupa uma posição central nesse debate) uma inesperada herança da filosofia transcendental kantiana.

Consideremos alguns casos dessa curiosa herança kantiana na compreensão da experiência e de sua relação com o domínio da "teoria": o conceito de ideologia, o impregnacionismo teórico na filosofia da ciência, o relativismo linguístico em Antropologia e a relação entre ontologia e linguagem na filosofia contemporânea da linguagem. Nosso objetivo se restringirá a explicitar as metamorfoses da concepção da experiência como construção no debate contemporâneo e, a partir disso, apresentar um quadro geral do problema da relação entre teoria e experiência.

## 4.1. Ideologia

O conceito de ideologia tem uma longa e disputada história, e não se trata aqui de percorrê-la. Uma exposição breve da concepção apresentada por Karl Marx (1818-1883) e Friedrich Engels (1820-1875), em *A ideologia alemã*, será suficiente para evidenciar sua relação com a "revolução copernicana" de Kant e com o debate sobre teoria e experiência.

O texto de Marx e Engels, escrito entre 1845 e 1846, inicia com uma caracterização da forma como a filosofia alemã pós-hegeliana, a ideologia alemã, propõe "criticar" as representações que os homens fazem de si mesmos. Ele inicia com a descrição de uma concepção segundo a qual os homens produziriam "falsas representações sobre si mesmos" e organizariam suas relações em função dessas representações, de Deus, por exemplo, de tal maneira que "os produtos de sua cabeça acabaram por se impor à sua própria cabeça".

Essa caracterização explicita a centralidade que adquire na filosofia desse período a suposição de que conceitos e ideias se impõem a nós como a realidade. A relação dessa concepção com a inversão kantiana (e também com o conceito hegeliano de "falsa-consciência") é inequívoca: aquilo que se apresenta ao sujeito como objetividade ("Deus", por exemplo, na filosofia de Feuerbach) se revela algo posto por ele próprio, uma quimera, algo "imaginado", que ocultaria a própria realidade.

A objeção de Marx e Engels se dirige não à suposição de que fazemos falsas representações, mas à suposição de que essas representações são a origem dos problemas reais e de que são elas que devemos combater, de tal maneira que nunca nos afastaríamos do domínio do pensamento. Sua descrição da resposta apresentada por essa filosofia alemã para as falsas representações aponta claramente nessa direção, explicitando um projeto filosófico em que falsas representações seriam substituídas por outros pensamentos ou expurgadas ou criticadas. Às falsas representações essa filosofia contraporia outras representações, outros pensamentos, e suporia que todo o projeto revolucionário de transformação da realidade decorreria dessa transformação no domínio das ideias.

Marx caracteriza esse conjunto de concepções idealistas, às quais se opõe e que formam "o núcleo da atual filosofia neo-hegeliana", como "fantasias inocentes e pueris". A elas contrapõe sua "inversão" materialista: a realidade material das relações de produção é que estaria na base ("determinaria") da superestrutura cultural, jurídica etc.

Segundo a perspectiva de *A ideologia alemã*, as representações, ideias, consciência, se encontram "entrelaçadas" com a atividade material dos homens, de tal maneira que "o representar, o pensar, o intercâmbio espiritual dos homens" se apresentam como "emanação direta de seu comportamento material". As representações deixam de ser concebidas como estrutura autônoma e, mais do que isso, como aquilo que determina as formas de vida e relações sociais observadas, passando a ser concebidas como "emanação", como efeito de outra causa anterior a elas, a saber, a própria estrutura material de produção. Assim, encontramos no texto de Marx e Engels, mais do que a identificação da inversão entre teoria e experiência no domínio da construção de nossas representações do mundo, a inversão da relação entre teoria e prática, sendo a prática, as "relações realmente existentes", o elemento determinante da construção de nossas representações do mundo. Em seus termos, não se parte daquilo que os homens representam, "parte-se dos homens realmente ativos, e, a partir de seu processo de vida real, expõe-se também o desenvolvimento dos reflexos ideológicos e dos ecos desse processo de vida".

Em outros termos, aquilo que se apresenta como dado objetivo, fato, que é descrito como experiência, depende de nossas representações; estas são, por sua vez, historicamente determinadas e se apresentam como emanação das atividades materiais dos homens, de sua prática. A contraposição ao idealismo se configura, portanto, como recusa da suposição de que o domínio das representações e as formas de consciência têm qualquer autonomia. São os homens que, ao transformarem sua realidade, transformam também seu pensar e os produtos de seu pensar. "Não é a consciência que determina a vida, mas a vida que determina a consciência." Reencontramos, nesse novo contexto, o entrelaçamento entre os debates sobre teoria e experiência e teoria e prática.

## 4.2. Filosofia da ciência

Uma das formas de reconfiguração da "teoria do conhecimento", que se constitui como desdobramento kantiano da epistemologia moderna, é a reflexão sobre a ciência que, a partir do final do século XIX, constitui uma tradição própria. Ela ganha centralidade no debate filosófico no início do século XX, nas formulações do Círculo de Viena, na filosofia de Karl Popper (1902--1994), que se situa nesse mesmo contexto e em parte se apresenta como crítica a ele, e no papel que desempenha a obra *A estrutura das revoluções científicas*, de Thomas Kuhn (1922-1996), em sua polarização com o racionalismo crítico de Popper e na associação desse debate a um debate mais amplo, sobre a razão e a História.

Popper, em seu livro inaugural *Die Beiden Grundprobleme der Erkentnistheorie* (*Os dois problemas fun-*

*damentais da teoria do conhecimento*), situava a si próprio no contexto da herança kantiana. Importa-nos, aqui, o impregnacionismo teórico que marca sua concepção da relação entre teoria e experiência. O tema pode ser ilustrado por um exemplo narrado no contexto do debate "popperiano", por Imre Lakatos (1922- -1974), e que nos remete novamente a Galileu. À concepção aristotélico-ptolomaica de um mundo supralunar em que reinava a perfeição e que explicaria sua elevação sobre a Terra, Galileu contrapõe, como vimos, a observação, por meio de uma luneta, das imperfeições da superfície da Lua, que se revelaria, então, marcada por irregularidades e incompatível com a concepção de formas perfeitas que lhe eram atribuídas. A resposta aos supostos "fatos" apresentados por Galileu contra a concepção aristotélica se fez por meio da explicitação de que a suposição de que a imagem observada através da luneta é a superfície da própria Lua (como ela realmente é) depende da aceitação de uma teoria da luz (que não estava formulada na época). E, assim, aquilo que parecia se apresentar como um fato empírico, como observação direta de um objeto, se revelaria como dependente de uma suposição teórica preliminar.

Esse exemplo pretende explicitar que a avaliação e, eventualmente, a refutação de teorias só se fariam por meio de outras teorias, na medida em que aquilo que se aceitaria como "fato" sempre apresentaria pressupostos teóricos, sempre se estabeleceria a partir de uma outra teoria. Dessa forma, não haveria um olhar "não teórico" sobre a experiência: aquilo que se concebe como experiência seria estabelecido como tal a partir de outras teorias. Na concepção de Popper, o que se constitui como "base empírica", como experiência, como "fatos", a partir dos quais criticamos teorias, é convencionalmente definido e muda com as próprias teorias. No limite, é aceito como fato aquilo que, no momento, não se encontra no âmbito da disputa, transformando a distinção entre teoria e experiência (ou base empírica) uma decisão metodológica feita no interior da própria ciência.

A concepção de paradigma apresentada por Kuhn evidencia, de modo ainda mais direto, sua relação com a concepção kantiana de experiência. Kuhn chama de "ciência normal" a atividade científica que se desenvolve no âmbito de um paradigma, que indicaria para os cientistas quais os problemas relevantes a serem tratados, quais os métodos e instrumentos por meio dos quais devem fazê-los, quais as regras da investigação científica e, mais do que isso, em que consiste o que se apresenta para eles, por meio do paradigma, como fatos da experiência. O papel do paradigma é determinante na caracterização de quais os fatos que se apresentam à explicação científica, de tal maneira que durante as revoluções científicas, caracterizadas como uma mudança de paradigma, os cientistas passariam a ver coisas diferentes olhando para "os mesmos pontos" examinados anteriormente, e os objetos familiares seriam vistos sob uma nova luz, como se, diz Kuhn, "a comunidade profissional tivesse sido subitamente transportada para um novo planeta". Na medida em que o paradigma desempenha papel central na determinação daquilo que é reconhecido como experiência, como os fatos com os quais a atividade científica deve lidar, após uma revolução, os cientistas literalmente "reagem a um mundo diferente", e o mundo passa a ser visto segundo uma nova *Gestalt*, de outra forma.

Em uma mudança de paradigma se evidencia que aquilo que se apresentava antes como objetividade era, de fato, dependente e derivado do paradigma. A tal ponto que se coloca em questão a própria possibilidade de comparação entre o que dizem diferentes paradigmas. Pois, se só se pode falar de fatos, eventos e objetos no interior do paradigma, se é por meio dele que se estrutura o que chamaremos de experiência, então não há fatos aos quais possamos recorrer para avaliar o maior ou menor interesse de um paradigma, e um novo contexto teórico parecerá a um cientista "incomensurável com o que habitava anteriormente".

As concepções de ciência normal e revolução científica de Kuhn explicitam que em seu núcleo se situa a concepção de que só se pode falar de fatos e objetos no contexto do paradigma, de tal maneira que aquilo que se apresentará para nós como experiência deriva dessa construção teórica que é o paradigma. Nunca nos situamos fora da perspectiva teórica de um paradigma ou de uma teoria (ainda que esta esteja em construção).

A inversão kantiana se reconfigura aqui como a inversão da relação entre a teoria científica e os fatos que ela pretenderia "explicar": é o paradigma que determina os fatos, e, portanto, não há controle do paradigma por fatos. Daí o problema da "incomensurabilidade", referido anteriormente: como decidir entre diferentes paradigmas, se não há "experiência" independente dos paradigmas a serem usados como critério de escolha? Não há fatos aos quais recorrer para avaliar o paradigma, de tal modo que só se poderia conceber uma mudança de paradigma, uma revolução científica, como ruptura produzida por motivos externos ao debate. O paradigma desempenha o papel transcendental de estruturador da experiência; unicamente a partir dele se pode falar de fatos. Não há "lado de fora" do domínio teórico.

## 4.3. Linguagem

O percurso por meio do qual a reflexão contemporânea sobre a linguagem se relaciona com a "revolução copernicana" de Kant é bastante diversificado e curioso. Já na primeira metade do século XIX, Wilhelm von Humboldt (1767-1835), na obra *A heterogeneidade da linguagem e sua influência no desenvolvimento intelectual da humanidade*, afirma que a estrutura das linguagens estão associadas à "vida do espírito" dos diversos povos. Encontramos uma concepção semelhante, do ponto de vista de associar línguas diversas a diferentes culturas e sociedades, nos textos de juventude de Nietzsche (em particular no *Sobre a verdade e a mentira em um sentido extramoral*) e, em um sentido diverso (que não convém considerar aqui), também no núcleo do procedimento genealógico da *Genealogia da moral*.

A filosofia transcendental de Kant se desdobra, curiosamente, em um relativismo vigoroso ligado à linguagem. Há uma recepção dos trabalhos de Humboldt e Nietzsche no terreno da Antropologia, a qual se estrutura de forma mais madura a partir do final do século XIX e se apresenta como um relativismo linguístico que relaciona as estruturas linguísticas de diferentes grupos humanos com sua visão de mundo, suas crenças e comportamentos. Esse debate é encontrado em Franz Boas (1858-1942) e, de modo mais exacerbado, em Edward Sapir (1884-1939) e Benjamin Lee Whorf (1897-1941), a ponto de a hipótese central do relativismo linguístico ser chamada também de "hipótese Nietzsche-Sapir-Whorf".

Mais relevante para nós, entretanto, é que esse debate alemão do século XIX é responsável por colocar em pauta a investigação da linguagem, atribuindo a ela uma posição de grande destaque em meio ao debate contemporâneo, e, mais do que isso, por lançar as bases de uma reflexão que concebe a linguagem como meio de organização da experiência e, assim, como estrutura transcendental de apreensão do mundo.

De uma perspectiva mais contemporânea, encontramos em Ludwig Wittgenstein (1889-1951) a concepção da linguagem como sistema de referências a partir do qual se estabelece "aquilo que para nós parece evidente". O percurso da filosofia de Wittgenstein, com sua recusa da possibilidade de uma fenomenologia e com o consequente reconhecimento do que chama de "autonomia da gramática", segundo a qual a linguagem não "responde" a um mundo dado independentemente dela, culmina na afirmação da linguagem como sistema, o que se observa de forma mais clara em seus últimos manuscritos, publicados em *Sobre a certeza*. É esse sistema de referências, a gramática, que se situa na base daquilo que se apresentará para nós como um dado empírico, irrecusável, objetivo. A identificação de algo como dado objetivo resultaria, então, de seu papel em meio a nossa imagem do mundo (Weltbild). É por meio da linguagem que se apresentaria para nós certa tradição herdada, em meio à qual temos nossa experiência de objetividade e caberá falar de verdade e falsidade.

As proposições que descrevem essa imagem de mundo são comparadas por Wittgenstein a um tipo de mitologia, ou às regras de um jogo, na medida em que não são estabelecidas a partir de dados da experiência. Essa mitologia não se apresentaria como algo fixado, mas poderia, ela própria, se transformar (Wittgenstein usa como metáfora o movimento das águas do rio e o movimento do próprio leito). A linguagem em que se apresenta essa "mitologia" (como regras gramaticais) é o "elemento em meio ao qual" nossos argumentos são possíveis, em meio ao qual vivem.

Wittgenstein pretende mostrar que é por meio da definição da gramática de nossa linguagem que estabelecemos aquilo que se concebe rá como fato, evidente, necessário, de tal maneira que toda a necessidade é gramatical. A uma linguagem se associaria, então, certa imagem de mundo, e essa imagem de mundo seria fluida na medida em que a própria linguagem se modifica – parte dela de forma mais rápida, parte de forma mais resistente, mas sem que tudo deixe de estar sempre em fluxo.

À pergunta sobre o que estaria, entretanto, na base da constituição da linguagem, da determinação da imagem de mundo particular que a ela se associa, Wittgenstein responde com a explicitação da relação direta entre a estrutura de uma linguagem e certas formas de vida, ou, de maneira mais radical, com a afirmação de que na base de nossos juízos, e de nossos acordos sobre a linguagem, se encontram acordos sobre como agimos, e que, em última instância, essa prática, que se situa na base da estruturação da gramática, e, com ela, da estruturação da experiência, é o passo último a que qualquer explicação pode retroagir: "a prática deve cuidar de si própria".

Esse passo nos aponta, entretanto, para uma relação entre linguagem, experiência e prática que se distancia da herança kantiana, ao colocar a prática em uma posição não mais subordinada a um domínio teórico, ainda que ligada a um contexto mais amplo de ações e formas de vidas.

# 5. Conclusão

O problema de conceber a relação entre teoria e experiência atravessa boa parte do debate filosófico ocidental e se revela um recorte interessante para observar seus desdobramentos. A filosofia contemporânea, marcada pela recusa da aceitação de uma experiência pura, objetiva, "inocente" do ponto de vista de suas proposições, se associa diretamente à revolução copernicana de Kant, a partir da qual se desenha o sujeito do conhecimento "ativo" que tentamos explicitar na abordagem de diferentes temas desse debate contemporâneo.

Em meio a essa herança, segundo essa concepção sobre a experiência, o "mundo" se apresenta como um grande texto a ser lido, sem que consigamos, entretanto, distinguir o texto de seu contexto, o fato e a interpretação, a teoria e a experiência. Confrontar-se com esses problemas e com a herança da inversão kantiana é uma marca do debate contemporâneo e uma fonte de suas aporias e dificuldades.

# OUVINDO OS TEXTOS

**Texto 1. Tomas Hobbes (1588-1679),** *Descrição fisiológica da sensação*

No que se refere aos pensamentos do homem, considerá-los-ei primeiro *isoladamente*, e depois em *cadeia*, ou dependentes uns dos outros. *Isoladamente*, cada um deles é uma *representação* ou *aparência* de alguma qualidade, ou outro acidente de um corpo exterior a nós, o que comumente se chama um *objeto*. O qual objeto atua nos olhos, nos ouvidos, e em outras partes do corpo do homem, e pela forma diversa como atua produz aparências diversas. A origem de todas elas é aquilo que denominamos sensação (pois não há nenhuma concepção no espírito do homem que primeiro não tenha sido originada, total ou parcialmente, nos órgãos dos sentidos). O resto deriva daquela origem.

Para o que agora nos ocupa, não é muito necessário conhecer a causa natural da sensação, e escrevi largamente sobre o assunto em outro lugar. Contudo, para preencher cada parte do meu presente método, repetirei aqui rapidamente o que foi dito.

A causa da sensação é o corpo exterior, ou objeto, que pressiona o órgão próprio de cada sentido, ou de forma imediata, como no gosto e tato, ou de forma mediata, como na vista, no ouvido, e no cheiro; a qual pressão, pela mediação dos nervos, e outras cordas e membranas do corpo, prolongada para dentro em direção ao cérebro e coração, causa ali uma resistência, ou contrapressão, ou esforço do coração, para se transmitir; cujo esforço, porque *para fora*, parece ser de algum modo exterior. E é a esta *aparência*, ou *ilusão*, que os homens chamam *sensação*; e consiste, no que se refere à visão, numa *luz*, ou *cor figurada*; em relação ao ouvido, num *som*, em relação ao olfato, num *cheiro*, em relação à língua e paladar, num *sabor*, e, em relação ao resto do corpo, em *frio*, *calor*, *dureza*, *macieza*, e outras qualidades, tantas quantas discernimos pelo *sentir*. Todas estas qualidades denominadas sensíveis estão no objeto que as causa, mas são muitos os movimentos da matéria que pressionam nossos órgãos de maneira diversa. Também em nós, que somos pressionados, elas nada mais são do que movimentos diversos (pois o movimento nada produz senão o movimento). Mas sua aparência para nós é ilusão, quer quando estamos acordados, quer quando estamos sonhando. E do mesmo modo que pressionar, esfregar, ou bater nos olhos nos faz supor uma luz, e pressionar o ouvido produz um som, também os corpos que vemos ou ouvimos produzem o mesmo efeito pela sua ação forte, embora não observada. Porque se essas cores e sons estivessem nos corpos, ou objetos que os causam, não podiam ser separados deles, como nos espelhos e nos ecos por reflexão vemos que eles são, nos quais sabemos que a coisa que vemos está num lugar e a aparência em outro. E muito embora, a uma certa distância, o próprio objeto real pareça confundido com a aparência que produz em nós, mesmo assim o objeto é uma coisa, e a imagem ou ilusão uma outra. De tal modo que em todos os casos a sensação nada mais é do que a ilusão originária, causada (como disse) pela pressão, isto é, pelo movimento das coisas exteriores nos nossos olhos, ouvidos e outros órgãos a isso determinados.

HOBBES, T. *Leviatã*. Trad. João Paulo Monteiro e Maria Beatriz Nizza da Silva. São Paulo: Abril Cultural, 1979, pp. 9 e 10. Col. "Os Pensadores".

## Texto 2. Immanuel Kant (1724-1804), *O que conhecemos são fenômenos regulados por nosso modo de representar*

Eu deveria pensar que os exemplos da Matemática e da Ciência da Natureza, as quais se tornaram o que agora são por uma revolução levada a efeito de uma só vez, seriam suficientemente notáveis para fazer meditar sobre os elementos essenciais da transformação na maneira de pensar, que lhes foi tão vantajosa e, na medida em que o permite sua analogia com a Metafísica como conhecimento da razão, imitá-los nisso ao menos como tentativa. Até agora se supôs que todo o nosso conhecimento deveria regular-se pelos objetos; porém todas as tentativas de mediante conceitos estabelecer algo *a priori* sobre ele através de conceitos, por meio dos quais o nosso conhecimento seria ampliado, fracassaram sob esta pressuposição. Por isso, tente-se ver uma vez se não progredimos melhor nas tarefas da Metafísica admitindo que os objetos devam regular-se pelo nosso conhecimento, o que concorda melhor com a desejada possibilidade de um conhecimento *a priori* deles, o qual deve estabelecer algo sobre os objetos antes de eles nos serem dados. O mesmo aconteceu com os primeiros pensamentos de Copérnico que, depois de não ter conseguido ir adiante com a explicação dos movimentos celestes ao admitir que todo o corpo de astros girava em torno do espectador, tentou ver se não seria melhor que o espectador se movesse em torno dos astros imóveis. Na Metafísica, pode-se então tentar o mesmo no que diz respeito à *intuição* dos objetos. Se a intuição devesse regular-se pela natureza dos objetos, não vejo como se poderia saber algo *a priori* a respeito deles; se porém o objeto (como objeto dos sentidos) se regula pela natureza do nosso poder de intuição, posso então representar-me muito bem essa possibilidade. Como eu, uma vez que estas intuições devam tornar-se conhecimentos, não posso deter-me, mas devo relacioná-las como representações com algo como objeto e determinar este através daquelas, do mesmo modo posso ou aceitar que os *conceitos* pelos quais realizo esta determinação se regulem pelo objeto, e então me encontro de novo no mesmo embaraço de como possa eu saber algo *a priori* a respeito; ou eu suponho que os objetos ou, o que é o mesmo, a *experiência*, na qual eles somente são conhecidos (como objetos dados), se regulem por esses conceitos. Neste caso, vislumbro imediatamente uma informação mais fácil, porque a própria experiência é um modo de conhecimento que requer entendimento, cuja regra devo pressupor como *a priori* em mim ainda antes de objetos me serem dados, e que deve ser expressa em conceitos *a priori*, pelos quais, portanto, todos os objetos da experiência devem necessariamente regular-se e com eles concordar. Com respeito aos objetos, enquanto pensados, e na verdade necessariamente pela razão, sem contudo (pelo menos do modo como a razão os pensa) poderem ser dados na experiência, todas as tentativas de pensá-los (pois eles devem sempre deixar-se pensar) constituirão mais tarde uma esplêndida pedra de toque daquilo que tomamos como o método transformado da maneira de pensar, a saber, que só conhecemos *a priori* das coisas o que nós mesmos colocamos nelas.

KANT, I. *Crítica da razão pura*. Trad. Valério Rohden e Udo B. Moosburger. São Paulo: Abril, 1978, pp. xv-xviii.

## Texto 3. Thomas Kuhn (1922-1996), *A mudança de paradigmas científicos permite conhecer melhor o que é a ciência*

A transição de um paradigma em crise para um novo, do qual pode surgir uma nova tradição de ciência normal, está longe de ser um processo cumulativo obtido através de uma articulação do velho paradigma. É antes uma reconstrução da área de estudos a partir de novos princípios, reconstrução que altera algumas das generalizações teóricas mais elementares do paradigma, bem como muitos de seus métodos e aplicações. Durante o período de transição haverá uma grande coincidência (embora nunca completa) entre os problemas que podem ser resolvidos pelo antigo paradigma e os que podem ser resolvidos pelo novo. Haverá igualmente uma diferença decisiva no tocante aos modos de solucionar os problemas. Completada a transição, os cientistas terão modificado a sua concepção da área de estudos, de seus métodos e de seus objetivos. Um historiador perspicaz, observando um caso clássico de reorientação da ciência por mudança de paradigma, descreveu-o recentemente como "tomar o reverso da medalha", processo que envolve "manipular o mesmo conjunto de dados que anteriormente, mas estabelecendo entre eles um novo sistema de relações, organizado a partir de um quadro de referência diferente". Outros que atentaram para esse aspecto do avanço científico enfatizaram sua semelhança com uma mudança na forma (*Gestalt*) visual: as marcas no papel, que primeiramente foram vistas como um pássaro, são agora vistas como um antílope ou vice-versa. Tal paralelo pode ser enganoso. Os cientistas não veem uma coisa como se fosse outra diferente – eles simplesmente a veem. Já examinamos alguns dos problemas criados com a afirmação de que Priestley via o oxigênio como ar desflogistizado. Além disso, o cientista não retém, como o sujeito da *Gestalt*, a liberdade de passar repetidamente de uma maneira de ver a outra. Não obstante, a mudança de forma perceptiva (*Gestalt*), sobretudo por ser atualmente tão familiar, é um protótipo elementar útil para o exame do que ocorre durante uma mudança total de paradigma.

KUHN, T. *A estrutura das revoluções científicas*. Trad. Beatriz V. Boeira e Nelson Boeira. São Paulo: Perspectiva, 1975, pp. 116 e 117.

# Texto 4. Ludwig Wittgenstein (1889-1951), *Pensamento, clareza e enunciação*

4.1. A proposição representa a existência e a inexistência dos estados de coisas.

4.11. A totalidade das proposições verdadeiras é toda a ciência natural (ou a totalidade das ciências naturais)

4.111. A filosofia não é uma das ciências naturais. (A palavra "filosofia" deve significar algo que esteja acima ou abaixo, mas não ao lado, das ciências naturais.)

4.112. O fim da filosofia é o esclarecimento lógico dos pensamentos. A filosofia não é uma teoria, mas uma atividade. (...) O resultado da filosofia não são "proposições filosóficas", mas é tornar proposições claras. Cumpre à filosofia tornar claros e delimitar precisamente os pensamentos, antes como que turvos e indistintos.

(...)

4.113. A filosofia limita o território disputável da ciência natural.

(...)

4.116. Tudo que pode ser em geral pensado pode ser pensado claramente. Tudo que se pode enunciar, pode-se enunciar claramente.

4.12. A proposição pode representar toda a realidade, mas não pode representar o que deve ter em comum com a realidade para poder representá-la – a forma lógica. Para podermos representar a forma lógica, deveríamos poder-nos instalar, com a proposição, fora da lógica, quer dizer, fora do mundo.

(...)

6.371. Toda a moderna visão do mundo está fundada na ilusão de que as chamadas leis naturais sejam as explicações dos fenômenos naturais.

> WITTGENSTEIN, L. *Tractatus logico-philosophicus*.
> Trad. Luiz Henrique Lopes dos Santos. São Paulo:
> Edusp, 1994, pp. 179 e 273.

## Texto 5. Jean Grondin (1955-), *Adequação entre o discurso e o real*

Não se sabia, antigamente, o que era o vírus H1N1 (se ele existia), ou mesmo o que era um vírus ou um câncer. O diagnóstico médico é, então, "relativo", e em vários sentidos: relativo a certo estado do saber médico, e, portanto, a uma cultura, mas é também relativo ao próprio médico, que pode ficar cansado e dar um diagnóstico apressado, de modo que não vê tratar-se [em vez de um vírus] de uma embolia suscetível de ser fatal. (...) Mas daí concluiremos que o saber médico é relativo e subjetivo? Isso seria insensato. A História e a cultura não impedem o acesso às coisas; elas o tornam muito frequentemente possível. (...) Não combato o relativismo (...) se ele quer dizer simplesmente que a História, a cultura, a linguagem e os olhos desempenham um papel na interpretação. Mas eu o combato se alguns pretendem que tudo é tão relativo e subjetivo a ponto de não termos nenhum acesso às coisas. (...) Isso seria suicida, porque o pensamento perderia então toda pertinência e razão de ser. A que serviria pensar ou falar se o que se diz não se refere a nada e não corresponde a nada? Quem pode ser levado a sério se pretende que o que afirma não é mais adequado do que aquilo que fala quem o contradiz? (...) Quem nega que seu discurso relaciona-se com o real pressupõe igualmente que essa relação é possível, e de várias maneiras: primeiramente, se ele diz que o discurso não se relaciona ao real, é porque ele pensa que a comparação entre o discurso e o real é ao menos possível (do contrário, como saber que o discurso não se relaciona com o real?); em seguida, sustentar que o pensamento não se relaciona com o real é afirmar que se tem uma visão mais adequada das coisas – no caso, o discurso –, o que pressupõe novamente a ideia de adequação.

> GRONDIN, J. *À l'écoute du sens* [À escuta do sentido]. Québec: Bellarmin, 2011, pp. 44-6. Trecho traduzido por Juvenal Savian Filho.

# EXERCITANDO A REFLEXÃO

**1. Algumas questões para você compreender melhor o tema:**

- **1.1.** Em que sentido Platão e Aristóteles falam de teoria?
- **1.2.** Por que o sentido "moral" da teoria (por oposição à prática), a que estamos acostumados hoje, pode ser aproximado ao pensamento aristotélico?
- **1.3.** Qual a diferença entre o projeto antigo de explicar a Natureza e o projeto moderno de descrevê-la?
- **1.4.** Como a oposição teoria-experiência passa a estruturar o debate moderno sobre a relação entre particular e universal?
- **1.5.** Como a filosofia transcendental de Kant muda o rumo da compreensão das relações entre teoria e experiência?

**1.6.** Como a reflexão marxista sobre a ideologia, a filosofia da ciência e a filosofia da linguagem contribuem para exemplificar a mudança operada por Kant? Essas três formas da Filosofia terminam a favor ou contra Kant? Explique.

## 2. Praticando-se na análise de textos.

**2.1.** De que maneira a descrição fisiológica da sensação, no texto 1, permite chamar a imagem também de ilusão?

**2.2.** Mostre como, no texto 2, a preocupação com um conhecimento *a priori* leva a uma revisão do que se concebia como conhecimento em geral.

**2.3.** Mostre como, no texto 3, a compreensão da mudança de paradigmas permite entender o sentido da frase: "Os cientistas não veem uma coisa como se fosse outra diferente; eles simplesmente a veem."

**2.4.** Mostre como, no texto 4, os aforismos 4.116 e 4.12 permitem compreender melhor e articular os aforismos 4.1-4.113 e 6.371.

**2.5.** Por que, de acordo com o texto 5, seria suicida dizer que tudo é tão relativo e subjetivo a ponto de não termos nenhum acesso às coisas? O que explica o uso do termo "suicida"? Exponha as razões do texto.

# DICAS DE VIAGEM

Para você continuar sua viagem pelo tema da teoria e experiência, sugerimos:

**1.** Assista aos seguintes filmes, considerando as reflexões que fizemos neste livro:
- **1.1.** *Matrix* (*The Matrix*), direção de Andy Wachowsky e Larry Wachowsky, EUA, 1999.
- **1.2.** *A origem* (*Inception*), direção de Christopher Nolan, EUA e Ucrânia, 2010.
- **1.3.** *Cidadão Kane* (*Citizen Kane*), direção de Orson Welles, EUA, 1941.
- **1.4.** *O destino* (*Al Massir*), direção de Youssef Chahine, Egito, 1997.
- **1.5.** *Rasciomon* (*Rashomon*), direção de Akira Kurosawa, Japão, 1950.
- **1.6.** *A verdade* (*La vérité*), direção de Henri-Georges Clouzot, França e Itália, 1960.

**1.7.** *O homem da câmera* (*Man with the Movie Camera/Tchelovek s Kinoapparatom*), documentário, direção de Dziga Vertov, União Soviética, 1929.

**1.8.** *Caos* (*Kaos*), direção de Paolo Taviani e Vittorio Taviani, Itália, 1984.

**1.9.** *Molière*, direção de Florent Tirard, França, 2007.

**1.10.** *A vida é bela* (*La vita è bela*), direção de Roberto Benigni, Itália, 1998.

**2.** Assista à peça de teatro *Galileu Galilei*, de Bertolt Brecht. Você pode ver uma montagem da peça de Brecht considerada "definitiva", na opinião dos críticos, no DVD *Galileo* (Inglaterra, 1975, dir. Joseph Losey. Há versões que podem ser vistas na internet). Você também pode ler a peça de Brecht na edição do *Teatro completo*, publicada pela Editora Paz e Terra.

**3.** Em sala de aula, uma maneira interessante de evidenciar o perspectivismo é confrontar diferentes descrições daquilo que pareceria a princípio objetivo e isento de interpretação. Isso pode ser feito apresentando-se aos alunos um objeto, vídeo ou cena e solicitando a eles que descrevam sua experiência. A confrontação das descrições, enfatizando as diferentes opções feitas por cada um, e o debate sobre a diluição daquilo que parecia a princípio objetivo podem se revelar uma maneira simples e instigante de problematizar a relação entre experiência e teoria.

# LEITURAS RECOMENDADAS

BERMAN, M. *Tudo que é sólido desmancha no ar*. Trad. Carlos Felipe Moisés. São Paulo: Companhia das Letras, 2007.

*Investigação da Modernidade, explorando a fronteira entre experiência histórica, literatura e projeto filosófico, na qual se apresentam de maneira interessante as consequências das tensões da concepção da experiência como uma construção.*

FOUCAULT, M. *As palavras e as coisas*. Trad. Salma Tannus Muchail. São Paulo: Martins Fontes, 2000.

*O livro de Foucault é um clássico em filosofia contemporânea e se estrutura por meio da apresentação das diferentes epistemes ou concepções de ciência que caracterizariam a experiência ocidental desde o Renascimento. Trata-se de uma abordagem original e interessante do debate sobre a estruturação da experiência.*

KANT, I. "Prefácio". In: *Crítica da razão pura*. 2ª ed. Trad. Valério Rohden. São Paulo: Abril Cultural, 1974. Col. "Os Pensadores".

> *O célebre texto que ficou conhecido como "Prefácio da 2ª edição da Crítica da Razão Pura" é central para o debate sobre teoria e experiência. Comparativamente ao texto da obra propriamente dita, a leitura do Prefácio é bastante acessível.*

KOYRÉ, A. *Estudos galilaicos.* Trad. N. F. da Fonseca. Lisboa: Dom Quixote, 1986.

> *Apresentação da construção da ciência moderna, feita por um grande historiador da Filosofia e da ciência.*

POPPER, K. *Lógica da investigação científica.* Trad. Leonidas Hegenberg e Octanny Silveira da Mota. São Paulo: Cultrix, 1993.

> *Texto clássico do debate contemporâneo sobre a ciência, no qual encontramos uma investigação cuidadosa e interessante sobre a relação entre teoria e experiência (principalmente nos capítulos I e II).*